AF562438

LES GRANDS FAITS CONTEMPORAINS

LE CENTENAIRE DE NAPOLÉON IER

PAR

EDOUARD MORIAC

C'est le peuple qui souffre de toutes les folies des rois.
(VIRG.)

PRIX : 75 CENTIMES

PARIS

A. LE CHEVALIER, LIBRAIRE-ÉDITEUR

61, RUE RICHELIEU, 61

1869

I

C'est, paraît-il, une chose bien décidée! On célébrera, en Corse et en France, à grand renfort d'escadres, de mâts de cocagne et de discours, le *centenaire* de Napoléon Ier.

Ce n'était pas assez, pour faire oublier l'impression produite par la célébration, à Chartres, du centenaire de Marceau, des quelques paroles tombées dernièrement de lèvres impériales lors d'un concours agricole!

Pour effacer l'ovation faite, en mars dernier, par les citoyens chartrains, à la mémoire de Marceau, il va falloir la voix tonnante des canons, les allégresses religieuses des *Te Deum* solennels, la poussière des revues militaires, et le *bouquet* traditionnel d'un feu d'artifice officiel. On verra bien alors la différence qu'il y a entre le pur héros des armées républicaines et Celui qui se fit un marchepied de la République et de la Nation.

Naturellement le faste de Napoléon écrasera la simplicité de Marceau.

A chacun son rôle ! N'a-t-il pas toujours été écrasant, l'homme du 18 Brumaire ?

*
* *

Donc la solennité aura lieu.

Quel en sera le caractère ?

Grave question ! — agitée longuement dans les *hautes sphères*, c'est-à-dire — probablement — dans des *boules élevées !*

— Elle sera nationale ! prétend M. Belmontet.

M. Janvier de la Mothe, pompier honoraire d'Evreux, s'en tiendrait aux *pompes officielles.*

Nous croyons, cependant, qu'il faudrait faire moins de bruit autour de cet anniversaire.

Ces glorifications en gros ne satisfont personne. Elles ne sont même ni morales ni justes avant une enquête sincère.

Le soleil a des taches ; n'en peut-on trouver au manteau brodé d'abeilles d'or ?

Dans le cas qui nous occupe, dans ces honneurs rendus bien après la mort, ce n'est pas la réussite de l'ambitieux qu'il faut honorer, c'est le caractère personnel du citoyen... s'il est honorable !

La Bible nous apprend qu'après le meurtre d'Abel, Dieu apparut à Caïn et lui dit :

— Qu'as-tu fait de ton frère?

Au souverain qu'on ressuscite, qu'on réveille dans l'éternité, nous sommes en droit de dire :

— Roi, qu'as-tu fait de ton peuple?

Vingt ans c'est déjà le passé, nous disait dernièrement M. Henri Chabria dans le *Figaro* à propos des journées de juin 1848.

Cent ans, qu'est-ce donc?

L'*Histoire!*

II

Pourquoi n'avons-nous pas encore l'*Histoire* de Napoléon Ier?

Voilà une question que se font souvent ceux qui voudraient avoir une idée véritablement *impartiale* sur Napoléon.

Si nous n'avons pas encore — en une œuvre — cette histoire, ce n'est pas faute d'historiens ni d'histoires ; c'est la faute des événements.

Lorsque, vers 1830, une nouvelle génération arriva aux affaires, à la vie politique, elle puisa dans le chaos des opinions des notions assez justes sur le règne de Napoléon.

Les passions, pour ou contre, s'étaient attiédies, de nouveaux horizons s'étaient ouverts à la liberté. La Terreur Blanche avait presque effacé, sous ses rigueurs, le souvenir d'un règne de fer. — Si la plaie n'était pas encore cicatrisée, elle n'était plus douloureuse; enfin une nouvelle révolution, préparée par des taquineries cléricales et des vexations voulues, avait balayé un trône de plus et l'on commençait à faire la part... *du feu!*

En s'éloignant de Bonaparte, les petits faits avaient disparu : l'historien taillait sa plume.

Lorsque, d'un coin de l'étranger, d'une résidence de la Suisse, arriva — gros d'événements, — un nom porté par une brochure.

Ceci tuera cela !

Le livre tue les monuments et ruine les empires... quand il ne les prépare pas !

La brochure se prit à la France comme une pieuvre; et, sous le titre de *Considérations politiques et militaires sur la Suisse*, le prince Louis-Napoléon Bonaparte mit en éveil le flair et l'appétit des hommes politiques et de ceux qui aspiraient à le devenir.

— Méfions-nous, dirent les uns, voilà le légataire universel..... le *Passé* !

— Jouons serré dirent les autres..... c'est l'*avenir*, il y aura peut-être quelque chose à faire!

En effet! depuis, nous avons vu qu'on avait fait quelque chose.

La brochure fit sensation. On comprit que l'œuvre n'était qu'une profession de foi détournée, que c'était un prospectus politique! — On vit qu'elle était l'acte d'un homme n'ayant rien oublié, quoiqu'il fût dans l'intention de montrer qu'il avait beaucoup appris, — ce qui pouvait faire espérer qu'il retiendrait davantage encore.

D'ailleurs, l'avant-propos de cette brochure aurait ouvert les yeux aux moins clairvoyants.

L'avant-propos d'un livre c'est le post-scriptum de la lettre : il dit le mot. Et si quelquefois on n'écrit une lettre que pour le *post-scriptum*, — souvent on n'édite le volume que pour la préface.

Voici cet avant-propos :

Je recommande à l'indulgence de mes lecteurs ces Réflexions *que je soumets à leur jugement.* Si en parlant de la SUISSE je n'ai pu m'empêcher de songer souvent à la FRANCE, *j'espère qu'ils me pardonneront mes digressions; car l'intérêt que m'inspire un peuple li-*

bre, ne peut qu'augmenter mon amour pour mon propre pays.

Arenenberg, 6 juillet 1833.

De ce jour, les historiens se divisèrent en trois catégories :

1° Ceux qui — ayant tout à gagner avec un changement, furent dévoués — furent *pour*.

2° Ceux qui — ayant connu le régime de l'oncle, tremblaient que le neveu ne lui ressemblât, — s'acharnèrent *contre*.

3° Enfin la généralité des écrivains entrèrent dans les régions de la légende et publièrent de quasi-romans, divinisant la redingote grise.

L'attention une fois éveillée sur le prince Louis-Napoléon — qui écrivait si bien ce qu'il devait si bien oublier depuis — l'histoire impartiale devint une impossibilité, ballottée qu'elle était entre des intérêts et des passions.

Les tentatives de Boulogne et de Strasbourg ne firent que confirmer les hommes politiques dans leurs pressentiments ; et si, d'un côté, on crut bien faire en dégradant sans pitié la mémoire du vainqueur d'Austerlitz, d'un autre côté, on fit œuvre de plat courtisan en exaltant sans mesure la gloire et le génie du Petit Caporal.

La République de 48 eut son cours, ou plutôt

il fut arrêté. Le prince Louis-Napoléon était rentré en France et... le reste nous est connu.

Par ces événements l'histoire de Napoléon est reculée si loin, qu'il est à se demander si elle sera jamais faite. Les mendiants de faveurs impériales et les vaincus de ces deux gouvernements ne rencontreront jamais le même adjectif pour désigner Napoléon.

III

Séduit par le faste homicide de la gloire des armées, le peuple français a pu passer condamnation sur certains faits de l'empereur premier du nom, mais ce n'est pas une raison pour que Napoléon soit donné comme un modèle à suivre, et cité comme un exemple à pratiquer.

Il faudrait craindre, devant un étalage trop pompeux d'allégresse officielle, que des morts ne se relevassent sanglants dans leurs linceuls pour protester; et, que d'une tombe ignorée sortît une voix répétant, à la mémoire de Napoléon, le quatrain qu'il trouva un jour sur son bureau des

Tuileries sans en avoir jamais pu découvrir l'auteur :

Titan perché sur cette échasse [1],
Si le sang que tu fis verser
Pouvait tenir dans cette place,
Tu le boirais sans te baisser !

Le centenaire doit être la consécration suprême de la vie sociale.

Dans cette canonisation civile, qu'ils s'attendent, ceux qui veulent exhausser son piédestal, à voir mettre en accusation le général Bonaparte, tout comme dernièrement on a mis le 2 décembre au ban de l'opinion. Il faudra bien alors entendre le réquisitoire de l'avocat de la liberté.

Et c'est un avocat majestueux et sévère, sublime et terrible, dont il connut la voix alors qu'il vivait. Elle était si éloquente, qu'il fallut à Napoléon le fracas des combats et les enivrements du triomphe pour en débarrasser ses oreilles.

Cette voix impitoyable a plaidé et plaidera contre lui dans l'histoire ! Et d'autant plus véhémente, qu'il n'a pas voulu l'entendre quand elle sortait du milieu de la France... de la France qu'il avait terrassée.

---

1 La colonne Vendôme.

IV

Le vrai point de départ de Bonaparte n'est ni l'école de Brienne, ni la prise de Toulon, ni les prouesses du vainqueur de l'Italie, c'est le 18 brumaire : c'est un coup d'État !

Alors seulement il vit à peu près clair dans l'avenir; alors seulement il put promettre à son ambition démesurée l'empire du monde qu'il faillit conquérir.

A ce moment, d'ailleurs, Bonaparte est déjà Empereur. Il figure sur la cheminée consulaire entre Siéyès et Cambacérès, tout comme la pendule figure entre ses deux candélabres : l'une marche, les autres *éclairent*.

Au fond il faut être juste, la transformation du gouvernement ne rencontra pas beaucoup de détracteurs.

Pour le peuple, Bonaparte était un de ses enfants qui avait passé par tous les grades. Son arrivée au Consulat n'avait rien de trop anormal. Peut-être, pour une fraction de ce même peuple, prenait-il trop de galons, mais enfin il avait le *panache*, autant lui qu'un moine défroqué.

Pour les nobles, Bonaparte était un des leurs. N'était-ce pas un noble? Sa famille n'avait-elle pas régné quelque part, dans un petit coin de l'Italie? D'ailleurs son nom était inscrit sur le livre d'or à Venise.

Pour le clergé, Bonaparte était l'espoir, c'était l'homme qui avait le plus respecté le culte extérieur; et puis, un Bonaparte n'était-il pas béatifié? Le bienheureux Bonaventure Bonaparte à Livourne! — Il y avait de la soutane dans cette famille, cela suffisait!

Pour tout il rencontra des complaisances.

Tout allait à lui : le peuple, qui aime à voir un peu de sabre au pouvoir — comme les grenouilles veulent un roi qui se remue; —le clergé, qui entrevoyait la fin de ses maux; — la noblesse, qui espérait quelques-uns de ses priviléges.

Le vainqueur d'Italie, malgré son retour d'Égypte — voyage qui frisait la désertion — se revoyait presque populaire une deuxième fois.

Oui, ce soldat, qui méprisait si souverainement l'homme en général, et ses concitoyens en particulier, celui qui devait dire des Français : « *Ce ne sont que des machines nerveuses, de métal mince, aussi faciles à se chauffer qu'à se refroidir ; l'art est de s'en servir lorsqu'elles brûlent!* » fut populaire! Mais Bonaparte s'étant mis à la place du Directoire, il hérita aussitôt de la désaffection que s'étaient acquise les directeurs.

Le consul rétablit les cultes ; faut-il que les âmes pieuses lui en sachent gré? Cela aurait bien été fait sans lui ; car le culte est un des droits de l'homme. On ne peut empêcher personne de suivre la religion qui lui convient, pourvu toutefois que cette religion n'attente pas à la liberté de celle de son voisin ; si la République balaya tout, c'était moins pour *détruire* que pour *nettoyer !*

Cependant le rétablissement des cultes fut une bonne note pour le premier consul, mais comme il réinféoda le culte à l'État, comme il en fit l'un des appuis de son trône, ce n'était plus qu'une manœuvre, une intrigue, une mesure d'essence libérale, mais de fabrication égoïste.

Il rappela les émigrés, et ne fit encore que justice. Autant étaient coupables ceux qui avaient porté les armes contre la France, autant étaient malheureux ceux qui languissaient loin de la patrie ; et si l'on doit punir les coupables, il faut venir en aide aux malheureux ; c'était rendre des bras et des intelligences à la société ;

mais comme il ne le fit que dans l'intention de reformer autour de lui la cour de Louis XVI, c'était une bonne mesure mais entachée d'orgueil, et la vieille noblesse qui *dut* le servir ne put jamais l'aimer.

Les apologistes de Napoléon se livrent à de sémillantes fantaisies sur le reproche qui lui a été fait de nous avoir *ravi nos libertés*.

« Belles libertés, disent-ils. Un gouvernement sans force, sans consistance, livré à toutes les tentatives — (il est évident que l'histoire de Napoléon est là pour le prouver) — ne pouvait inspirer de sécurité à la nation française, laquelle ne sachant qui commandait, n'obéissait plus à personne ! »

Ceci est une excuse, tout au plus. De ce que je mange mal, est-ce une raison pour me sortir les morceaux de la bouche et les manger à mon détriment ?

Ce qui a jusqu'à présent le plus manqué à la République, ce sont des républicains. Mais, dans tous les cas, est-il possible de sortir tout d'un coup du régime compressif des Bourbons sans tomber dans des écarts, sans commettre des erreurs, sans se livrer à des représailles fâcheuses ? Une monarchie de près de quatorze siècles ne tombe pas ainsi du jour au lendemain sans soulever profondément une nation, et ce n'est pas en dix ans que le calme est rétabli.

La République n'a pas commis de fautes, — elle a été mal servie. On lui en eût fait commettre, c'est probable; mais on n'eût pas assisté au spectacle douloureux de voir le trône de Louis XVI, brûlé en place du Carrousel, renaître de ses cendres dix ans plus tard et servir de siége à un de ceux qui avaient contribué à sa démolition !

La tache ineffaçable de Bonaparte, c'est que, se sentant la force, l'énergie, le génie si l'on veut, de rappareiller le vaisseau de l'État (vieux style), il se soit conduit en corsaire et non en citoyen ; qu'il se soit emparé d'un bien qui n'était à personne parce qu'il était à tous : *la Souveraineté*.

Il a trouvé un champ encore peu productif, mais bien semé de libertés ; il a trouvé des ouvriers de bonne volonté attachés à la terre qu'ils avaient fumée de leurs sueurs et de leur sang, et sous le prétexte de les conduire, de les diriger, de les *sauver !* il en a fait ses esclaves et s'est emparé de la récolte ! Il s'est posé en tyran, lui qui pouvait être libérateur. Entre Washington et Cromwell, il n'a voulu ni de la grandeur civique de l'un ni de l'usurpation presque timide de l'autre !

Voilà la faute, voilà le crime !

V

Il n'usurpa rien, est-il dit dans des histoires qui ont eu les faveurs de l'impression. Comment donc appeler ou désigner l'acte d'un homme qui, sans droits, sans raison — sauf celle de son ambition — citoyen la veille se dit maître le lendemain, et dispose, sans scrupules, de vies et de bourses qui ne lui appartenaient en aucune façon ?

Il me semble qu'usurpateur est poli !

— Mais c'est le Sénat qui lui a offert la couronne !

Tiens ! c'est vrai ! c'est le Sénat ; mais qu'est-ce qu'était ce Sénat ? Et de qui tenait-il son mandat ?

— Mais la nation a ratifié ce choix !

C'est encore vrai ! Il fonctionnait déjà *convenablement*, le *suffrage universel*.

Écoutons sur ce fait un contemporain de cette époque, M. Brifaut, membre de l'Académie française, qui a au moins sur nous le mérite de parler de choses qu'il a vues :

« On sait ce qui se passa quand la nation vit le jeune porte-glaive du Directoire recomposer pour soi le grand empire de Charlemagne. Elle refusa d'abord de prendre la chose au sérieux : on rit, on fit des chansons sur le petit caporal improvisé souverain. Il laissa rire et chansonner, multiplia les fêtes, se donna une cour, dit : *Mon peuple,* fut applaudi à l'Opéra ; au bout d'un mois toute la France s'agenouilla, toute l'Europe se tut et la quatrième dynastie fut fondée. »

Ah ! la France lui fut facile à Napoléon : elle était si lassée !

« Elle s'abandonna à lui, a dit M. Godin, comme dans un grand naufrage on saisit le premier débris qui peut mener au port. »

Et quel port ?

La campagne de France !... Waterloo !.. les Cosaques au nord, les Anglais au midi...

Le général Sarrazin, étudiant les causes si singulières de la prospérité de ce soldat heureux, termine son histoire militaire de Napoléon, en disant :

« L'abondance des richesses fit couronner Bonaparte, d'après ce qu'a dit un savant philosophe : *si la peste donnait des pensions, on lui dresserait des autels !* »

Si l'on me demandait bien franchement si Bonaparte n'avait aucun droit au trône, je ne pourrais m'empêcher de rapporter ce qu'un poète, de ce siècle, a mis dans la bouche de l'Empereur :

Dans l'art de gouverner, instruit par Robespierre,
Je mis en action ses maximes d'Etat,
Je devins général, républicain, soldat.
. . . .
Je portai tour à tour le turban, le bonnet,
J'adorai Jésus-Christ, j'adorai Mahomet.
J'ensanglantai la Seine, et le Nil et le Rhône.
. . . . Voilà mes droits au trône !

Enfin il est couronné !

Il est empereur !

Il est roi !

Il est tout !

Sera-t-il grand ? — Sera-t-il bon ? — Cherchera-t-il à rappeler le souvenir d'un de ces monarques dont il a pris le blason d'azur et les palais ?

Non !

Nous en verrons les preuves plus loin.

Bonaparte eût été aussi grand que possible ! il eût été le plus grand des hommes s'il n'eût touché au sceptre, et s'il se fût contenté des couronnes de l'histoire.

Mais il lui a fallu le triomphe romain, avec des rois à son char, et des peuples enchaînés à sa suite. Il a voulu être César, et d'émule de Turenne il restera le voisin de Néron.

VI

Quelles furent ces qualités?

Mais je vois qu'il canonne Paris le 13 vendémiaire. Ce qu'il appela *mettre son cachet sur la France.*

Qu'il maltraite un vieillard, le Pape!

Qu'il s'empare d'Enghien au mépris de toutes les lois humaines.

Il y a eu plusieurs conspirations contre lui, entre autres celle de Georges Cadoudal. Sur vingt accusés, huit furent graciés. Pourquoi?

Dans la conspiration Mallet, le caporal Rateau est condamné à mort; il demande sa grâce à l'Empereur, qui commue la peine en travaux forcés à perpétuité avec la *flétrissure préalable.* C'était de la générosité.

Que n'a-t-on pas dit sur le *suicide* de Pichegru?

Si Moreau se fit tuer à l'étranger, c'est que les juges n'avaient osé le condamner en France.

Et ce pauvre Palm, libraire à Nuremberg, quel crime était le sien? Pauvre éditeur! éditeur martyr! qui paya de sa vie son refus de révéler le nom de l'auteur de la brochure *l'Allemagne dans sa plus grande humiliation*, et qui ne le savait peut-être pas!

Il fut pris et fusillé.

Sur une maison de la ville, célèbre par ses joujoux, on voit encore une inscription ainsi conçue :

« C'est ici que vivait le libraire Palm (Jean-Philippe), tué sous la tyrannie de Napoléon, le 26 août 1806. »

On a prétendu — mais c'est difficile à prouver — que les lettres de cachet avaient été renouvelées sous son règne; ce qu'affirment des mémoires de l'époque, c'est que l'on essayait de la torture au Temple.

Le capitaine de vaisseau anglais M. Wright, avait été arrêté, débarquant des hommes sur les côtes de France. On lui brûla les pieds en les frottant de graisse et en approchant ensuite des plaques de cuivre rougies au feu. On lui coupa successivement un bras et une jambe,

Cela doit être faux; car lorsque le gouvernement britannique réclama impérieusement son capitaine, ou du moins voulut l'échanger, le capitaine Wright se suicida, à l'exemple de Pichegru !

Après Austerlitz, la Prusse fut obligée d'implorer sa grâce pour sa conduite équivoque pendant la guerre. On lui prit la principauté de Neufchâtel. Des troupes y furent envoyées et s'emparèrent — avant la ratification du traité — de la ville et d'un grand nombre de marchandises, retenues ensuite comme marchandises anglaises.

Le commerce envoya des représentants à Paris. On les enferma pendant trois mois au Temple.

Les droits de la guerre, dira-t-on.

Naturellement ! mais quelle différence entre ces droits-là — ceux du plus fort — avec les droits des gens !

*
* *

« Trop longtemps la police a été l'aveugle instrument de la tyrannie; elle est enfin rendue à sa primitive destination, celle de prévenir les délits pour se dispenser de les punir, et de défendre la société contre les maux secrets que les lois ne peuvent pas toujours atteindre. »

Voilà ce que disait une circulaire (2 juin 1814) signée du Directeur général de la police..... Bonaparte était à l'île d'Elbe.

*
* *

Parmi ses vertus il faut ranger son immense vanité. Sans cette vanité, qu'eût été Napoléon Ier ? Un vulgaire oppresseur.

Alors qu'il n'était rien, il voulut être quelque chose et devint général sous la première République, comme on devenait sous-préfet lors de la seconde.

Une fois général, il voulut ne point passer inaperçu. (N'avait-il pas voulu accompagner Blanchard dans une ascension aérostatique, pour qu'*on parlât de lui ?*) Et il se jette tête baissée sur les Autrichiens, entraînant les soldats, lançant sur l'Italie une armée déguenillée ; stimulant les courages et le patriotisme par des mots sonores et la perspective séduisante des fructueux dédommagements de la victoire.

Que lui importe le nombre de tués, s'il couche sur le champ de bataille !

Que lui importent les moyens, si la fin est pour lui !

Et il commande le feu, cet impassible et nerveux jouisseur de gloire, scrutant la bataille, activant le carnage et murmurant entre ses lèvres blêmes : « Tout pour moi, tout pour moi ! »

Aussi est-il permis de recueillir dans une publication chauvine ce mot splendide d'un gendarme blessé à Arcole :

— Eh bien ! général, on t'en a f.... de la gloire ; es-tu content ? »

Parbleu ! s'il l'était !

*
* *

Le fatalisme est le fruit de la superstition, et sur ce chapitre l'Empereur et Roi était un enfant.

Il ne pouvait souffrir trois bougies dans un même appartement.

Il avait étudié les sciences occultes et ne dédaignait pas les charlataneries de mademoiselle Lenormand, dont il rééditait les conjurations et les divinations cabalistiques avec l'aide de sa sœur Pauline.

Il avait la terreur du vendredi. C'est même à sa croyance, que ce jour était néfaste, que le 18 brumaire doit de n'avoir pas porté dans l'histoire la date du 17.

Un rapprochement bien curieux à faire, c'est que ce fut précisément un *vendredi* qu'il fut obligé de quitter la Malmaison en 1815. Las-Cazes le signale.

*
* *

Des historiographes ont cherché à dérouter les historiens en affirmant que ce n'était point le 15 août 1769, mais bien le 5 février 1768, qu'était né le deuxième fils de Charles Buonaparte.

La preuve irréfutable est aussi difficile à trouver pour l'une ou l'autre de ces dates. Seulement une des croyances les plus fermes de Bonaparte était le fatalisme, et cette croyance s'augmentait par la concordance des anniversaires. Ce qui ferait croire qu'il est bien né le 15 août 1769, c'est d'abord le témoignage de gens corses qui, quoique tous cousins, ne s'en aiment pas davantage pour cela, et l'importance que mettait Bonaparte à ne conclure les actes les plus importants de sa vie qu'à la date anniversaire de sa naissance.

Napoléon III a suivi, au moins sur ce terrain, les précédents de son oncle. Lui aussi aime à faire concorder les dates (couronnement 2 décembre 1804, prise de la couronne 2 décembre 1851), ce qui faisait dire à feu M. Mocquart :

— Avec ce système, le gouvernement des Napoléon devient un régime... de *dates*.

Si le mot n'est pas de lui on le lui a assez attribué de son vivant, pour que je puisse m'en emparer.

*
* *

Napoléon,

Fils de la liberté qui renia sa mère,

avait une peur : l'*idée*. Par contre, une antipathie : la *plume*.

Il réforma l'Institut — dont il était — mais il raya *l'Académie des sciences morales*.

Les sciences morales!... de la politique méthodique!... Peuh! de la *rêvasserie*!

Tandis que la Force physique, à la bonne heure, *c'est pratique*!

Ce qui ne frappait point tout d'abord son intelligence était réputé mauvais par lui. Il ne vit que des rêves dans les sciences économiques, comme il ne vit que de la fumée dans l'invention des bateaux à vapeur.

« J'ai toujours pensé que s'il existait une monarchie de granit, il suffirait de messieurs les *œconomistes* pour la réduire en poussière. »

NAPOLÉON AU CONSEIL D'ETAT.

Il détestait cordialement les économistes; c'était le point noir.

L'économie aussi peut-être!

Après Brumaire, ce sont des journalistes, des écrivains, des orateurs qn'il déporte.

— Ça ne sert à rien et ça consomme!

*
* *

Ne dit-il pas depuis :

— « La République, le Directoire et le Consulat eussent-ils pu fonctionner au milieu du *cloaque* de la presse ? »

Aussi quel régime infligé à la presse!

M. Bertin doit s'en souvenir.

Napoléon ne lisait que les journaux étrangers, les allemands surtout.

— « Passez, passez, disait-il lorsqu'on voulait lui lire les journaux de France, ces journaux français ne disent que ce que je veux. »

Et il ne les lisait pas!

Quelle condamnation des officiels et des officieux; mais aussi quel éteignoir sur les éléments d'instruction politique d'un pays!

Encouragea-t-il sincèrement le commerce? Le blocus n'était pas destiné à obtenir ce résultat, et s'il créa des chambres de commerce, — excellente institution qui est restée, — c'était moins pour les commerçants que comme un moyen d'enrégimenter le négoce.

*
* *

Je chante ce héros dont la haute fortune
Ayant conquis la terre, ira prendre la lune,
Et delà, s'élançant par delà Sirius,
S'élèvera si haut... qu'on ne le verra plus!

Tout fut compassé et théâtral, — sauf ses invectives et ses colères intimes, — chez celui qui avait été l'ami de Talma et celui de Dugazon. Il étudia les empereurs au théâtre et les bonshommes à la comédie. Son talent sec et cassant, impérieux et volontaire, lui fit préférer les tragiques. Petit et nerveux, cela allait beaucoup mieux à son tempérament : il fait fusiller Palm avec plus de naturel qu'il ne gracie le mari de Mme d'Herstfeld.

*
* *

Quel est son cri du cœur en apprenant la mort de Hoche?

— Pourquoi ne puis-je pleurer!

Il ne trouva pas autre chose!... Il est vrai qu'il était encore une fois victorieux!

*
* *

Il tenait beaucoup à ce que l'on vît dans les tableaux de batailles son petit chapeau noir... C'était sa manière à lui de rappeler Henri IV et son panache blanc.

Sa redingote grise était un manteau de théâtre — le prestige en est usé puisqu'on en a relégué le modèle en bronze tout près de Courbevoie! — et il ne put s'empêcher, même sur le *Bellérophon*, de le revêtir et de parader dans son costume légendaire devant l'équipage anglais.

A Sainte-Hélène, il conserve tout ce qu'il peut de l'étiquette. Son valet de chambre, il l'appelle *comte* et ne souffre qu'une chaise dans sa chambre pour qu'au moins personne ne s'asseoie devant lui.

*
* *

Quand il plaisantait, il était lourd. Le calembour que lui a conservé l'histoire indique assez quel était son genre d'esprit.

On lui présente un jour M. Vollan, intendant militaire d'un vrai mérite.

— *Vollan!* dit l'Empereur, voilà un nom bien trouvé pour un intendant.

— Je ferai respectueusement observer à Votre Majesté, que mon nom s'écrit avec deux *l*.

— J'entends bien, vous n'en *volez* que mieux.

L'intendant ayant donné sa démission, Napoléon le Grand continua sa délicate et spirituelle raillerie en disant : Ce n'est qu'un *vollan* de moins.

C'était très amusant, comme vous voyez.

*
* *

Il était de l'Institut, lui qui avait écrit le *Souper de Beaucaire* où, en parlant de Danton, Marat et Robespierre, il les appelle la *Sainte-Montagne;* et il poursuivait les journalistes, lui qui avait été le rédacteur en chef du journal d'Égypte !

*
* *

Mais où son amour de la pose plastique ressort le plus vigoureusement, c'est lorsque, à la lueur de l'incendie du Kremlin, il signe le décret de Moscou qui jusqu'à présent a réglementé la Comédie-Française.

*
* *

Lors de son abdication — 1814 — un journal satirique, *les Nouvelles du jour*, publia une affiche intitulée :

« VENTE MOBILIÈRE DE BONAPARTE, »

où l'on voyait entre autres lots celui-ci :

« 4° — Un costume de cour et divers décors encore propres à servir au théâtre. »

C'était prophétique.

Sait-on ce que devinrent les attributs des royaumes de la famille Bonaparte ?

La main de justice de Jérôme est allée au théâtre de Bordeaux.

Le sceptre de Hollande est longtemps demeuré dans une armoire du château de Saint-Leu.

Le trône de Cassel est allé faire admirer ses fastueuses dorures au café des *Mille Colonnes* dont il forma le comptoir.

Le manteau royal de Westphalie a servi au théâtre de Lille.

***

Un axiome vivant et réel, fruit de l'observation, veut que l'on ait les défauts de ses qualités, et que les passions soient en rapport avec les talents : il n'y a, paraît-il, *rien de petit chez les grands*.

C'est donc accorder à Bonaparte de grandes circonstances atténuantes à sa vie et à ses turpitudes. — Quel mortel n'eût été profondément enivré d'une gloire aussi retentissante ! — Mais le poids est-il égal, et la balance ne penche-t-elle pas d'un côté?

Sa gloire! ne sait-on pas où elle nous a conduits?

Sa gloire porta le nom français dans toute l'Europe, dans le désert d'Afrique et jusqu'à l'île de Saint-Domingue; mais où le fit-elle aimer?

Où la prospérité? Où la cité florissante?

Partout du sang!

C'est Waterloo où s'enterrent héroïquement nos plus glorieuses troupes! C'est l'étranger qui nous rançonne dans Paris de 1,500 millions de francs!

Et le nombre de soldats livrés, non pas au général ni au consul, mais à l'empereur, en voici le total..... C'est l'envers des lauriers du vainqueur des Pyramides.

Le 2 vendémiaire — an 14 — pour 1806	80.000
Le 4 décembre 1806 pour 1807.......	80.000
Le 7 avril 1807 pour 1808.............	80.000
Le 10 septembre 1808, rappel sur 1806, 1807 et 1808....................	80.000
Et d'avance sur 1809................	80.000
D'avance sur 1810..................	80.000
Le 25 avril 1809....................	30.000
Repris encore sur 1806, 1807, 1808 et 1809..........................	10.000
Le 5 octobre 1809, repris sur 1806, 1807, 1808, 1809 et 1810.........	36.000
Le 20 mars 1810, dans les départements de Rome et Thrasimène..........	4 000
Le 8 novembre 1810, bouches de l'Escaut..........................	7.000

Le 13 décembre 1810 pour 1811.......	120.000
Le 13 décembre 1810 pour la marine, *enfants* de 12 à 16 ans...........	40.000
Le 3 février 1811 sur l'année 1811....	80.000
Le 20 décembre 1811 sur l'année 1812.	120.000
Le 13 mars 1812, sénatus-consulte relatif à l'organisation de la garde nationale divisée en 3 bans et appel sur-le-champ de 88 cohortes du premier ban.......................	88.000
Pour les 12 cohortes restant à fournir.	12.000
Le 9 octobre 1813...................	280.000
Le 15 novembre 1813 sur 1814.......	300.000
Et en avance sur 1815...........	160.000
	1.767.000

Un million sept cent soixante-sept mille hommes, sans compter ceux qui étaient sous les armes avant l'appel du 7 avril 1807.

Est-ce que cela ne pourrait pas un peu entrer en ligne de compte?

Ah! les drapeaux appendus à la voûte des Invalides doivent peser bien lourd sur les cendres de l'empereur, qui reposent sous leurs couleurs fanées dans les champs de bataille.

*
* *

J'ai réduit aussi rapidement que possible les principaux faits de la vie de Napoléon, les principaux traits de son caractère, évitant avec autant de soins les ordures de certains mémoires, volumes ou libelles que les éloges quasi-divins de certaines histoires.

La Bibliothèque impériale possède dans son *enfer*, sous la classification L b^{11} — 114, un ouvrage qui en dirait bien long sur certains scandales de l'époque ; mais j'estime qu'il faut fermer les yeux et les oreilles aux écarts de la plume comme aux écarts des sens.

La morale y gagne, au moins, ce que perd la curiosité.

VII

Et puis maintenant y aura-t-il oui ou non usurpation, lorsque, de l'île d'Elbe, il sort à main armée, arrogant et assoiffé de commandement, pour reprendre le pouvoir que possédait Louis XVIII, et jouer de nouveau l'avenir de la France sur les chances épuisées de ses guerres aventureuses ?

Est-ce bien de l'usurpation ?

On se demande encore aujourd'hui comment elle fut possible ! Comment il ne fut pas arrêté dès les premiers pas !

C'est bien compréhensible pourtant, et ceux qui s'en étonnent marquent une ignorance profonde de l'organisation militaire.

De même que tout dernièrement le maréchal Bazaine disait à Napoléon III, au camp de

Châlons : « Sire, voici *vos soldats* ». De même les maréchaux du premier empire disaient à leur Napoléon : *vos soldats*, et Napoléon répétait : MES SOLDATS !

Voyons ! Est-ce que *ses* soldats pouvaient l'arrêter ? Ils le suivirent, sans lui demander ses projets, sans s'informer de sa route !

— Quel est le meilleur soldat ? demandai-je dernièrement à un officier de mes amis.

— C'est, me répondit-il, celui qui obéit le mieux.

En moi-même je conclus :

— C'est celui qui raisonne le moins.

N'a-t-il pas dit, le petit caporal :

— Les militaires sont des automates ! »

Aussi ne voulait-il pas trouver à la fois un sabre et une opinion.

VIII

Napoléon fut le plus grand personnage des temps modernes.

C'est ainsi que débute la notice biographique qui lui est consacrée dans Michaud.

C'est vrai ; mais à quoi fit-il servir cette grandeur ? à quoi employa-t-il ses succès ?

Si l'homme de génie est un présent du ciel pour le pays qui lui donne le jour, c'est un cruel spectacle quand l'enfant devenu grand fait servir son adresse et sa force à déchirer le sein qui l'a nourri et qui lui a prodigué les sucs vivaces grâce auxquels il a pu grandir et prospérer.

Le règne de Napoléon est tel que, dans cent ans d'ici, les générations futures douteront et rangeront parmi les légendes *ce brillant météore sorti du chaos pour rentrer dans le néant*, — suivant l'expression un peu emphatique de M. Ernest Feydeau (1842). Il est aussi étonnant comme homme que déplorable comme prince, et quand je parcours les pages désolantes de son règne, je songe aux éruptions du Vésuve, dont personne ne conteste la grandeur du spectacle, mais dont tout le monde fuit les ravages et les dangers.

Les peuples qui nous environnent sont souvent très étonnés que nous n'ayons pas un culte profond pour Napoléon. Il n'y a jamais — sans décence — de grand homme pour son domestique, de même il n'y aura jamais — sans justice — de grand prince pour un peuple !

Qui voudrait de nos jours voir revenir les plus beaux jours de gloire du premier empire, même au lendemain d'Austerlitz?

C'est qu'avec la gloire il faut compter les

victimes qu'elle fait et l'argent qu'elle coûte.

La gloire fut la seule maîtresse pour laquelle Napoléon eut de l'amour, et, fils de la grande famille nationale, il gaspilla son patrimoine pour les baisers de sang et les caresses de sabre qu'elle lui prodigua sur les champs de bataille. Et quand elle l'eut ruiné — la courtisane! — elle le chassa de son boudoir. Après avoir été avec lui contre l'Europe, elle trouva drôle d'en finir avec cet amant désordonné, et passa à l'ennemi.

Napoléon Ier aima la gloire comme Musset aima les filles; ce qui les perdit tous les deux. Il n'en sera pas moins parlé, et si le premier est digne d'être le patron des guerriers, le second n'est pas indigne d'être celui des viveurs. Seulement Musset ne fit de mal qu'à lui, — sympathique et bien-aimé poète! — tandis que Napoléon empila des Pélions de ruines sur des Ossas de cadavres, et pour dominer le monde, il terrifia son pays.

Dans sa course frénétique, dans sa mission d'Attila épileptique, c'est au genre humain tout entier qu'il fit payer la carte de ses triomphes.

Sous sa conduite hardie et fatale, — qui rappelait la manière dont les enfants du prophète subjuguèrent tant de peuples, — les Français tuèrent au moins dix fois plus d'hommes qu'ils n'en perdirent, c'est magnifique de destruction!

c'est horrible de résultats! Mais que dirions-nous, maintenant, à cette heure, si des bords du Danube ou du Nil se levait un conquérant aussi heureux que le fut le général Bonaparte, et qui, pour de la gloire, viendrait bombarder nos villes, piller nos musées, rançonner nos fortunes?

Nous nous défendrions!

Mais les Autrichiens, les Prussiens, les Russes ne se sont-ils pas défendus? Les croit-on plus lâches que nous? Aiment-ils moins leur famille?

Ils se sont défendus, et de tout cœur; mais la chance était contre eux : qu'elle vienne à tourner contre nous!

Ces grands conquérants, s'ils portent haut et loin le nom d'une nation, n'en sont pas moins les plus dangereux ennemis des sociétés. Pour satisfaire leur passion de dominer, ils enraient l'industrie, arrêtent la marche progressive de la civilisation,— car, n'en déplaise à l'auteur de la *Vie de César*, l'histoire des guerres n'est pas celle de la civilisation, — et quand ces vainqueurs tombent de leur haut piédestal, il faut souvent un siècle tout entier pour enlever les décombres et réparer la route des progrès libéraux dévastée par leur passage.

Le cours de la vie de ces hommes peut ressembler au cours des grands fleuves. Ils ont la force, la puissance, et portent des richesses;

mais la fureur les prend, les soulève, les gonfle, et le fleuve orgueilleux, qui veut devenir océan, ravage les contrées qu'il inonde au lieu de les arroser. Effort stérile pourtant, car une puissance supérieure, qui mit des bornes à la mer, fait rentrer dans son lit le fleuve qui avait voulu imiter la grenouille dont parle La Fontaine. Il y a des gloires plus modestes qui sont plus grandes, et je préfère le chêne de saint Louis à l'épée de Bonaparte.

*
* *

Enfin le mal a été fait à la France.

Elle a payé la gloire de Napoléon Ier comme nous paierons son centenaire, car dans les fêtes officielles on voit se retourner l'axiome qui veut que celui qui commande paie.

Ici, ceux qui ne commandent pas paient tout de même.

*
* *

Le sol français défendu, bien défendu, et même augmenté par les volontaires en haillons de 93, a été foulé aux pieds des chevaux de Cosaques venus du Don.

Il faut prendre son parti de cette humiliation venant de l'orgueil insensé d'un homme qui avait fait le rêve de se faire sacrer à Saint-Pétersbourg *empereur d'Orient et d'Occident.*

Mais l'ambition sans mesure et sans bornes, cause de l'élévation de Napoléon, devait aussi être la cause de sa chute ! Si les Anglais furent sans ménagements pour lui dans la défaite, c'est qu'il avait été sans pitié pour eux dans le succès.

Il voulut, dans sa colère de Corse vindicatif, anéantir un peuple tout entier et le ruiner à tout jamais ; et lorsque, par une dernière bravade, il alla s'asseoir en maître au foyer britannique, la rancunière Albion le relégua au bout du monde civilisé, éteignant sa vie comme il avait voulu étouffer son commerce.

Morale de l'histoire ! digne et juste retour des choses de ce monde !

Sa roche Tarpéienne était bien loin de son Capitole sur la carte du monde ; mais il y aboutit enfin, ayant encore la chance suprême de mourir en martyr, lui qui avait régné en tyran.

ÉDOUARD MORIAC.

Typ. Alcan Lévy, boulevard de Clichy, 62, Paris.

www.ingramcontent.com/pod-product-compliance
Lightning Source LLC
LaVergne TN
LVHW020255230826
846091LV00006B/2432

* 9 7 8 2 0 1 1 7 6 0 5 8 6 *